Word Search For Kids

A Book of 50 Bodacious Word Finds From Puzzles to Print

Kim Steele

PUZZLES TO PRINT ¤ LANGUEDOC FRANCE

Word Search for Kids:
A Book of 50 Bodacious Word Finds

www.puzzles-to-print.com

ISBN 978-1505547405

Word Search for Kids

Grab a sharp pencil and curl up in your favorite cozy spot. That is all you are going to need to enjoy hours of puzzling fun with the bodacious word search puzzles you will find in this book.

Rules

The rules for word search puzzles are very simple. Each puzzle comes with a list of words which you must locate in the grid of letters. At first the grid of letters appears to be random, but upon closer inspection you will begin finding words amongst the randomness. When you find a word on your list, circle it in the gird and cross it off of your list.

In this puzzle book, you might find the words hidden in any direction and they may overlap. That makes the puzzles extra challenging and extra fun. Be sure to look vertically, horizontally and diagonally. And don't forget that some of the words may even be backwards.

More Fun!

If you like word search puzzles, don't miss out on our other word search puzzle books for kids:

Animal Word Search: 50 Puzzles to Learn About Our Friends

Word Search Puzzles For Kids: 60 Fun Ways to Stretch Your Mind

1. Airplane Trip

```
Y M T Y T S E V E F I L W
A V G A W B V D E S G I Z
O I N P H T E Y S A S I R
Z B S M O N A P L F O Q J
Q I P L P G S L P B M G Q
U D I S E A E P R O E V C
C P H T W Y S M C V L T E
O X P I T O A S T A I H F
C W Y A W N U R E I B A G
K A M N W M A R I N A I G
P L S C A R R Y O N G U N
I M H L R T L E B T A E S
T F S O G F I W Y Y R E R
```

AISLE	LIFE VEST
CABIN	PASSENGER
CARRY-ON	PILOT
COCKPIT	RUNWAY
GALLEY	SEAT BELT

2. Musical Instruments

```
J K F C F T I N Q P X Z M
K A N K G O I P I Z Y N V
A B Q J A L F N E M L E W
C A S W O L A I T R O M I
I S F D G S T L U Y P U V
N S N O A F A O L X H R Z
O A A V N D V I F N O D L
M O M N H A P V U R N K C
R E D D S Z I S Y Q E H E
A R A T I U G P X W R E R
H T E N I R A L C Q R F G
A S Z A V G Y F H K C N W
K Q V D D E M W N S H T G
```

BASS   HARMONICA

CLARINET   MANDOLIN

DRUM   PIANO

FLUTE   VIOLIN

GUITAR   XYLOPHONE

3. Fruits

```
E  I  H  X  G  I  F  B  A  N  A  N  A
M  W  P  S  Z  C  A  F  S  A  K  Z  K
I  I  T  I  H  X  Y  W  L  J  I  E  V
L  K  R  E  N  V  D  U  H  X  W  V  O
K  M  R  V  S  E  M  U  W  D  A  Y  D
K  R  C  O  U  I  A  N  N  E  T  A  I
Y  H  W  Z  R  S  G  P  S  G  E  P  H
Q  P  E  S  F  Y  R  F  P  J  R  R  R
I  B  K  Y  W  H  A  F  G  L  M  I  D
K  F  A  F  C  Y  P  F  R  P  E  C  O
X  H  M  A  T  I  E  P  G  G  L  O  V
J  U  E  Y  M  U  G  P  K  H  O  T  A
P  P  E  H  B  X  C  A  J  B  N  M  X
```

APRICOT	KIWI
BANANA	LIME
CHERRY	PEACH
FIG	PINEAPPLE
GRAPE	WATERMELON

4. Insects

```
B D P T G X Q L V I K Y L
Y S A E L F L Z M C J A K
H Y D R B H P W I Z X Y L
E L H M G T K T O Z O F B
C G I I P O V T J I R V E
P T J T J M E O W N W K E
V Q W E T K X P S A W N T
O E Z M C M B D R W S C L
Y T V I F F W D K P F C E
M M R N L T C A I C W E A
B C I E Y M X D U F X N A
H G M I C E E F T P T P U
W Z J W N R A D S E U U E
```

ANT   MOTH

BEETLE   SPIDER

CRICKET   TERMITE

FLEA   TICK

FLY   WASP

5. Hiking

```
S N K P V D B E T N Z B N
H T N E T L C F R Q V T R
H N O B M E U E A E D D C
B O A O N U T X I D E R O
A W X W B N N Y L O Y I M
C X E S A J G Q S P J I P
K M R L G W J J E Q K D A
P Q F J P B Q P F W J T S
A O I E G K P S E K A T S
C E V O T S B T W D C O R
K Z H N U O A H Y W B G F
P A M T N I N L L M K Q Z
Z H A T C H E T W H L C X
```

BACKPACK	MAP
BOOTS	STAKES
COMPASS	STOVE
HATCHET	TENT
LANTERN	TRAIL

6. My Family

K	A	M	W	C	J	B	S	G	T	K	Q	U
B	X	J	J	K	M	Q	Z	I	L	F	P	L
R	G	R	A	N	D	P	A	J	S	F	Q	O
E	A	T	E	X	N	Z	T	R	M	T	J	S
H	M	A	B	J	I	O	E	P	S	Q	E	N
T	D	K	M	Z	Q	T	S	P	M	S	H	R
O	N	K	M	M	H	W	D	L	U	O	P	K
R	A	H	S	G	Q	A	E	A	S	W	M	N
B	R	T	U	C	D	G	L	I	E	L	K	V
T	G	A	Z	X	V	C	C	T	X	T	Y	M
A	D	V	V	B	J	B	N	O	H	Q	X	N
S	N	T	S	K	F	U	U	B	I	J	F	Y
A	E	S	J	H	A	H	A	U	A	G	P	C

AUNT   GRANDPA

BROTHER   MOM

DAD   SISTER

DAUGHTER   SON

GRANDMA   UNCLE

7. Movement

```
K K D R U B D H M A A L R
G C G U J D B X I S K N Z
I E I Q B Q E A E T A K Q
E E C K H Q N S W M M F J
V P A S S T D K C I E Y I
Q F H U R W T O O H S G C
L S E R V E T F C Y Y E H
Z A L Y Q T F T M D I C A
Q C C I H T E T Q V T A V
X R A R A R L Y X I A A U
N D O T T Z H W P C M D H
N W L S C J S D J H I W K
J E O Z N H B G Z D R L I
```

BEND   PITCH

CATCH   SERVE

HIT   SHOOT

KICK   STRETCH

PASS   THROW

8. Restaurant

```
K A V C X C S G R H B O R
U C X C U S T O M E R F Y
X N H L A W X A S I I Y M
G E E O B A U S B O O T H
F Y V M O I E H H L U G G
Z Z R A Y T I M F N E I R
J E N I S E R P E V N E A
V O K O H R Q H E W D M L
I X H G W T C D G R B A X
Q Z K P T T N E O J E U Z
H G U L I J F L A M X U Q
C N N K Y O H K M A B D Q
A L Z U R B W P K R H H U
```

BOOTH

CHEF

CUSTOMER

HOSTESS

KITCHEN

MEAL

MENU

ORDER

TABLE

WAITER

9. At the Beach

```
S H U M B R E L L A Z Y R
Q N D E R D U N E O K N Z
X C K T E R F S K S F F G
S Y D R L Q S A L W Z W D
C L D Q O V F H N I I J V
E S Y M O I U Q O M B L I
H R L H C O Q X C V I F L
L R T Q J S Q E E F E O E
L D D W E L U Z U R U L W
E K C I X D M G I U U C O
H I L S U M D W A S T D T
S T U T S S I G F V C S A
Z E H P D R A U G E F I L
```

COOLER   SHOVEL

DUNE   SURF

KITE   SWIM

LIFEGUARD   TOWEL

SHELL   UMBRELLA

10. Bedroom

```
K C O L C B L N G U Q N S
K C X W V B W I W W U T B
P O S L S W M D B H I I I
Q M M A T T R E S S L O Y
R F A A M U D D K R T G B
J O D N A T S H G I N G
B R D A Y Q A A E F T F K
C T R Q L S K Q R H T L B
X E E D T A H O A W C O U
W R S N B I R E O O T W W
O S S D O R H M E T E U H
I U E E I Z C I N T R X O
N G R M Z E U C Y E V X C
```

ALARM	MATTRESS
BED	MIRROR
CLOCK	NIGHTSTAND
COMFORTER	QUILT
DRESSER	SHEET

11. Outer Space

```
N U S P S K A S I G O Z T
H X O L G A F Y Z G U N E
S J I F F Q T G X X X G N
F R K D D F T E S Q E Z A
J Z G A L A X Y L E C Y L
N E P T U N E J T L I J P
G I W C L Q I I V A I E R
L D W Y V I B I T L S T Z
T U A N O R T S A P P D E
G F W W O J N U I S T A R
T O P M O A X L Y W D C H
T M R J I F C S K O E X I
K C B U P E C B L V T B Z
```

ASTRONAUT   PLANET

ECLIPSE   SATELLITE

GALAXY   STAR

NEPTUNE   SUN

ORBIT   UFO

12. Bicycle

```
Z B K Q A K Q B L H T T J
B B P W T F W I O W H Y U
G L P U E O K L M G A L H
T R E D M Z X K B L P B A
A L D P L P M U D E D K N
E H A D E V A N D G G O D
S M L T H Q A L X E B I L
V I N Y V T K V X A M Q E
K E H K S A B E L R G O B
O I E K Z H K H U F Z K A
D B C T C A B L E V O Y R
E I H O R N X R P M G H S
K Y O B Q G R O A H Y F C
```

BRAKE	HORN
CABLE	KICKSTAND
GEAR	PEDAL
HANDLEBARS	PUMP
HELMET	SEAT

13. Forest Animals

```
A C I C T L U V Z K Z T N
A A Y P Q I W L P B V M W
F L O W J P B W H F V L J
T O B J E E A B E B J W H
G Q J Y W H M N A N O U M
E J M U S S O P W R L J W
M S E N Z Y K Q B P R J E
T O O S K U N K E K Z B E
S M U O J N Z V A I I L A
V J H S M M D D V I M D J
Z W K K E S W J E W E X A
S Q U I R R E L R E O T G
G G P E X D X M R F X Z S
```

BEAVER	POSSUM
DEER	RABBIT
FOX	SKUNK
MOOSE	SQUIRREL
MOUSE	WOLF

14. School Supplies

S	F	I	D	J	C	J	P	O	Y	O	J	N
G	S	K	O	O	B	E	T	O	N	L	M	E
W	Q	A	V	E	A	Q	X	C	Z	T	Y	P
R	T	Q	P	E	Y	H	J	Y	K	F	P	S
O	E	H	Z	M	I	K	H	C	R	T	E	R
T	T	T	V	R	O	U	G	A	E	O	V	E
A	Y	R	X	M	P	C	B	X	C	D	X	L
L	T	I	Z	J	Q	P	T	F	L	S	M	U
U	P	A	N	S	Z	B	P	H	R	R	I	R
C	A	N	P	R	O	T	R	A	C	T	O	R
L	P	G	W	O	T	Z	J	Y	T	B	A	A
A	E	L	K	S	P	J	N	U	Y	T	Z	P
C	R	E	S	A	R	E	R	P	T	N	V	O

CALCULATOR   PEN

COMPASS   PROTRACTOR

ERASER   RULER

NOTEBOOK   TEXTBOOK

PAPER   TRIANGLE

15. Shopping

S	F	E	C	I	R	P	P	I	Y	E	B	V
Y	A	O	O	E	E	P	I	L	A	D	L	J
W	R	L	T	X	X	Z	O	I	P	I	Z	G
W	V	U	E	S	C	R	H	I	Z	S	B	S
S	R	F	J	R	H	F	S	W	O	C	N	I
N	A	M	Y	F	A	A	A	G	F	O	R	W
J	R	C	T	J	N	Q	J	E	R	U	G	N
M	Q	K	K	Z	G	X	V	D	U	N	O	W
L	D	B	B	T	E	K	I	S	Q	T	X	F
Z	A	T	T	T	X	B	F	S	G	V	C	Z
Z	D	B	E	Z	I	S	K	B	F	U	I	A
G	V	D	E	N	D	C	Z	U	A	M	T	M
M	T	A	X	L	U	S	Z	Y	A	O	W	R

BUY

DISCOUNT

EXCHANGE

LABEL

PAY

PRICE

RETURN

SALE

SIZE

TAX

16. My Face

```
O G Q J J G E M M Y R K H
L J W E S Y C T O R A F F
E W W M E C X T L E T J L
I Y H N Z I E M E S O N H
E T D O V C N I N D C W B
W X V S F O R E H E A D P
P X J T E Y Q V U A J M J
H C L R E L P M E T F T I
U H M I M S D W C D W H A
F I D L P E Q H C T P F F
S N W Z K Q E H E W N X O
A S V K B E J A V X F C E
E O P O K Y R V Y F O P Z
```

CHEEK

CHIN

EAR

EYE

FOREHEAD

LIP

MOLE

NOSE

NOSTRIL

TEMPLE

17. Cooking

```
Q  J  U  C  F  Z  F  T  V  I  U  B  T
L  Y  J  B  N  V  K  I  V  W  O  F  U
S  I  M  M  E  R  H  C  X  N  T  E  C
R  J  O  T  R  Z  R  C  J  E  K  A  B
N  L  N  B  I  O  H  H  D  B  J  D  V
U  I  F  F  T  T  X  O  X  S  M  J  H
P  W  T  L  S  T  S  P  C  S  A  K  K
X  P  A  H  H  E  O  A  B  R  W  Z  O
C  A  G  L  P  J  S  E  O  E  G  F  E
N  Y  J  N  Y  E  G  C  W  R  M  C  W
G  Z  N  L  R  R  Y  M  E  A  I  T  T
B  W  U  B  O  W  F  P  Z  L  F  I  V
O  K  M  A  E  T  S  A  S  J  Z  X  R
```

BAKE	ROAST
BOIL	SIMMER
CHOP	SLICE
CUT	STEAM
FRY	STIR

18. Post Office

U	O	W	M	F	C	I	R	H	E	V	N	I
I	H	T	X	K	S	A	L	Y	W	I	P	M
T	N	M	A	C	I	G	E	B	E	K	O	P
S	S	O	A	R	R	M	T	T	T	X	S	R
N	Q	L	M	I	O	J	T	M	J	Z	T	I
G	E	A	E	P	L	R	E	U	D	P	C	O
O	I	A	N	K	E	B	R	T	M	I	A	R
L	W	D	V	H	V	U	O	A	W	T	R	I
N	Z	D	E	Q	Y	D	T	X	P	O	D	T
R	L	R	L	T	C	S	G	W	J	N	C	Y
E	V	E	O	T	A	I	P	U	N	F	V	Q
Y	P	S	P	E	M	H	D	R	J	U	C	E
A	Z	S	E	V	Z	I	P	C	O	D	E	O

ADDRESS	POSTCARD
AIRMAIL	PRIORITY
ENVELOPE	SCALE
LETTER	STAMP
MAILBOX	ZIP CODE

19. Astrology

```
V  Y  R  R  P  N  O  R  K  A  R  S  I
V  A  L  P  W  G  R  X  S  E  G  U  L
W  K  O  Y  R  E  C  A  N  C  E  R  O
K  Y  K  I  L  A  S  J  N  M  U  J
P  K  V  G  E  R  B  C  E  H  I  A  I
S  S  E  C  S  I  P  Y  O  O  N  T  O
T  U  N  L  P  E  U  N  J  R  I  T  O
W  O  I  X  A  S  K  Z  I  K  P  J  C
U  V  N  R  O  C  I  R  P  A  C  I  L
H  V  Y  M  A  P  O  A  R  B  I  L  O
N  M  E  T  N  U  L  G  L  N  S  U  D
F  O  C  O  W  A  Q  S  D  D  W  S  E
J  S  A  G  I  T  T  A  R  I  U  S  H
```

AQUARIUS	LIBRA
ARIES	PISCES
CANCER	SAGITTARIUS
CAPRICORN	SCORPIO
GEMINI	TAURUS
LEO	VIRGO

20. Fairy Tale

```
H  Y  P  R  I  N  C  E  S  S  H  X  F
X  I  B  F  B  T  F  H  O  P  M  K  G
J  S  Z  T  A  C  T  R  Z  M  I  J  N
T  P  P  R  T  I  A  P  O  J  G  Z  I
D  R  A  Z  I  W  R  J  O  G  H  Q  N
I  G  E  X  Z  P  X  Y  H  P  C  L  E
N  T  Z  G  R  V  Q  H  C  T  X  K  E
N  O  Y  B  L  A  J  L  T  E  V  T  U
R  G  G  B  F  T  H  G  I  N  K  N  Q
Y  X  G  A  L  R  X  U  W  O  H  A  H
J  D  N  I  R  A  E  Y  M  A  Z  I  P
O  X  I  Q  J  D  X  Z  W  Q  G  G  C
I  L  K  S  O  N  E  G  T  H  F  I  S
```

DRAGON	KNIGHT
FAIRY	PRINCESS
FROG	QUEEN
GIANT	WITCH
KING	WIZARD

21. Colors

```
B K E X X Z Z H J W D L Q
Y J V G R E E N C T Q V M
X V G E L P R U P J M R E
I E P F Y E Q D Q Y I E I
Z Z R Y S E K U Q S G V I
I X I S V W L U T N Q C B
K N I P U P U L A G Q W R
A I K C F E V R O X P A O
L V C L T U O C M W B T W
J M G G B L A C K R N Z N
H X D E T B Z E D E W X K
E T I H W G W V W D C N S
G D B P C X J O O R F R R
```

BLACK

BLUE

BROWN

GREEN

ORANGE

PINK

PURPLE

RED

WHITE

YELLOW

22. Months

S	E	P	T	E	M	B	E	R	L	G	Y	T
D	M	F	L	E	F	A	E	T	Q	H	F	R
E	S	T	P	P	N	A	N	L	E	E	F	E
M	K	U	V	K	S	F	U	J	B	H	Z	B
R	E	B	O	T	C	O	J	R	B	D	X	M
E	B	J	U	W	T	S	U	G	U	A	W	E
B	X	J	A	D	K	A	M	B	R	E	F	C
M	X	U	T	N	R	D	H	A	C	T	F	E
E	O	A	B	Y	U	B	B	C	P	E	B	D
V	C	J	M	K	Y	A	P	I	R	R	N	K
O	M	U	M	Q	Q	K	R	W	D	A	I	X
N	A	L	U	H	G	C	R	Y	V	V	M	L
O	Y	Y	C	U	O	F	Z	V	K	A	Q	W

APRIL

AUGUST

DECEMBER

FEBRUARY

JANUARY

JULY

JUNE

MARCH

MAY

NOVEMBER

OCTOBER

SEPTEMBER

23. Kitchen

```
W  G  L  E  V  N  N  X  L  P  S  G  B
K  K  Y  M  K  X  G  A  F  X  D  U  R
E  O  F  W  V  Q  E  P  U  K  R  I  E
T  O  O  D  J  F  E  T  J  N  K  F  Z
T  B  U  I  G  H  L  E  E  N  S  M  E
L  K  U  S  O  C  O  R  I  X  T  I  E
E  O  V  H  R  E  T  S  A  O  T  C  R
R  O  S  W  T  A  B  L  E  W  S  R  F
C  C  J  A  T  H  M  F  T  M  Q  O  G
P  P  K  S  Q  J  H  T  T  O  V  W  C
U  V  N  H  Y  M  K  R  C  T  L  A  U
U  X  P  E  P  G  I  O  V  E  N  V  J
P  N  E  R  V  R  B  Z  Q  F  X  E  Q
```

BURNER	MICROWAVE
COOKBOOK	OVEN
DISHWASHER	SINK
FREEZER	TABLE
KETTLE	TOASTER

24. Under the Sea

```
X P S U R L A W W D T N E
D N E E L X S U P O T C O
G I L E Q S L H K E X Q M
P H Y U C P E X T S S A Y
L P T E O O V A W D L N Y
D L M A J S Q O H C M X T
L O D J V Y R M M O G F Q
F D O Y L D H G U V R D M
W L Q M F V M G Y X N S H
H T Y I E P C S N F M W E
A U S H R I M P T W T J Y
L H B A R C X E U M O A T
E F F T S Z R U N N C L X
```

CLAM	SEA HORSE
CRAB	SHRIMP
DOLPHIN	SWORDFISH
EEL	WALRUS
OCTOPUS	WHALE

25. Weather

```
F  R  S  C  C  J  C  L  T  B  C  S  R
C  G  A  J  Z  M  Z  F  E  L  I  A  H
L  F  V  W  Z  U  U  N  L  W  H  T  L
E  M  H  N  M  B  U  W  Z  A  R  B  Y
A  K  S  M  I  M  X  S  Z  I  L  U  Q
R  O  Y  J  I  H  P  J  I  H  D  F  C
Q  D  J  L  A  U  L  Z  R  N  Y  O  C
G  D  W  Z  F  M  Q  B  D  I  W  J  T
X  O  Y  N  D  I  P  Q  T  I  K  V  G
B  S  F  R  U  D  R  W  N  R  E  O  S
P  X  I  O  U  T  D  D  R  P  M  N  N
V  V  S  J  C  D  Y  E  E  S  W  J  O
M  S  B  L  L  D  Y  D  U  O  L  C  W
```

CLEAR	HAZY
CLOUDY	HUMID
DRIZZLE	SMOG
FOG	SNOW
HAIL	WINDY

26. Bundled Up

```
I  F  T  V  V  B  H  G  A  J  R  V  B
R  R  F  D  T  N  A  L  I  N  U  U  K
N  A  L  K  O  F  P  O  U  N  B  M  P
H  C  X  I  C  O  O  V  B  G  Q  T  A
V  S  H  E  E  U  J  E  T  J  K  A  R
S  T  O  O  B  A  M  S  L  O  A  M  K
C  J  U  S  C  C  R  G  T  I  M  R  A
K  D  Q  K  Z  V  T  Z  X  Q  H  A  T
T  N  E  W  K  A  C  X  Z  L  E  P  Y
S  T  C  D  D  O  H  C  N  O  P  G  I
H  K  O  E  Q  B  B  Z  B  B  X  O  Q
V  S  A  L  L  E  R  B  M  U  L  T  L
B  Y  T  I  G  J  O  T  I  G  H  T  S
```

BOOTS	PARKA
COAT	PONCHO
GLOVES	SCARF
HAT	TIGHTS
JACKET	UMBRELLA

27. Tools

R	S	F	V	L	P	L	Z	W	A	L	L	E
F	Y	R	G	H	A	L	C	A	R	I	R	N
X	Z	H	P	C	L	O	I	S	D	A	U	X
K	S	R	T	N	K	U	Z	E	X	N	O	M
A	G	H	T	E	U	U	G	D	R	E	Q	S
V	O	W	Z	R	H	X	K	W	K	S	H	B
R	B	Z	E	W	S	Y	H	D	R	Z	C	B
E	B	Y	O	E	Q	W	T	E	Y	S	V	M
M	F	T	D	B	Q	D	C	H	I	S	E	L
M	H	A	M	R	B	T	O	I	R	G	O	U
A	Q	E	V	I	I	O	L	V	J	L	L	A
H	X	O	K	I	N	L	L	P	V	I	S	E
O	W	B	N	T	D	B	L	T	C	W	T	H

AX
BOLT
CHISEL
DRILL
HAMMER

NAIL
PLIERS
SAW
VISE
WRENCH

28. Olympic Sports

```
D K X O L O P R E T A W S
H Z L J T X K V H L R S K
L G B X C C L L H R C Q I
N O I U S R L H I S H G I
Q L A H T L A S E Q E N N
Z F T A W G B K M Q R E G
K D H R F Y Y A F L Y E F
J W L G K O E T P E A E Z
K A O U F U L I J X N R N
Q O N V G J L N O C W Y D
D T C S J E O G I D Y N M
B U F D M L V N U V U Y R
F O C O N E G I I G R J C
```

ARCHERY	LUGE
BIATHLON	SKATING
FENCING	SKIING
GOLF	VOLLEYBALL
JUDO	WATER POLO

29. Circus

```
E  E  R  M  N  H  U  M  C  H  P  C  E
N  V  X  O  N  Q  Z  G  H  O  U  T  H
A  O  I  S  W  P  G  A  T  E  B  S  H
M  L  O  E  O  Z  R  G  P  T  I  L  I
G  P  I  J  L  S  I  O  C  R  V  K  G
N  F  Q  V  C  B  R  M  A  A  H  R  H
O  F  Y  Y  E  T  T  J  W  P  J  E  W
R  J  R  E  H  D  Z  T  F  E  Q  G  I
T  T  Z  G  K  X  E  M  R  Z  P  J  R
S  L  I  Z  H  N  W  R  X  E  U  H  E
A  T  B  P  Z  H  O  N  A  X  I  Y  E
J  W  Y  I  O  D  V  M  P  D  H  N  L
Z  Z  P  E  A  N  U  T  S  Z  U  J  E
```

BIG TOP	MONKEY
CLOWN	PEANUTS
DAREDEVIL	STRONGMAN
HIGH-WIRE	TIGHTROPE
LION	TRAPEZE

30. Flowers

```
S E T A D C R P W M L I D
U E Y X S V K Z W U I O O
A W A S M B A P H I L D L
P B I L I D K V K N Y R O
W U G Z B A X X C A L I L
O R P I M Z D I R R P S H
Q L A V E N D E R E C B A
T R P A Z L D C M G J T B
E L I B C R O C U S W G A
L B L V W K R U K N B Z S
O V U U D L O G I R A M T
I E T K V H V P Y Q Y F E
V U K I C Z O H K A O F R
```

ASTER   LILAC

CROCUS   LILY

DAISY   MARIGOLD

GERANIUM   TULIP

LAVENDER   VIOLET

31. Shapes

```
N  J  Y  J  N  B  X  D  S  D  U  R  Z
F  S  C  Y  L  I  N  D  E  R  R  Z  Z
C  H  Q  P  R  F  O  Q  T  M  W  R  S
H  Z  L  U  M  S  G  T  L  Q  S  X  U
B  C  S  J  A  K  A  C  E  H  P  N  H
J  O  L  O  O  R  X  Y  I  E  E  S  H
C  N  H  V  C  C  E  K  N  R  P  H  H
O  E  A  T  T  U  H  T  L  F  C  X  N
W  L  E  E  A  C  A  K  J  Q  H  L  N
P  C  B  G  G  G  W  J  Q  G  V  N  E
O  U  N  J  O  E  P  Y  R  A  M  I  D
C  E  D  N  N  T  Q  H  P  S  I  Q  L
G  U  J  S  H  Z  J  W  L  S  A  O  U
```

CIRCLE	OCTAGON
CONE	OVAL
CUBE	PENTAGON
CYLINDER	PYRAMID
HEXAGON	SQUARE

32. Boats

```
A C E Y S Y T Z W M A G T
D M H X C E R H D E A Q F
M K O D S G C R C K M V A
E P H A P R Y H E A T Y R
Q O A U M A L N V F Y D X
Q I N D Z B H Y A N P E X
N H O A D T T H R X X D U
U L U A C L T U G B O A T
X A M C P G E T Y S U N H
M Z T A N K E R P L B N G
W X T T O G Z M G G L B U
S U B M A R I N E J Z R G
S V M D I N G H Y V Q N U
```

BARGE   RAFT

CANOE   SUBMARINE

DINGHY   TANKER

FERRY   TUGBOAT

PADDLE   YACHT

33. Costumes

```
Q K V J T J P K Y D V N E
A S T R O N A U T M A D C
N I N J A T C Q L M M L Y
W N O W R P O H E L E U A
B V A V O K W C S J P I M
V C V M L C I M S A F X H
X A J W E L W O E Y O Z K
N V M M O R F H C Z A V N
B E W P R C I A N G E L I
S M F A I R Y F I J Y R T
S A V H M R V M R A L J X
W N J P D B E F P D S Z U
Y L Q N N X O S V D Y B X
```

ANGEL

ASTRONAUT

CAVEMAN

FAIRY

FIREMAN

MUMMY

NINJA

POLICEMAN

PRINCESS

VAMPIRE

34. Cowboy

B	W	Z	Q	W	C	X	G	J	C	Q	P	H
E	R	I	F	P	M	A	C	B	L	K	A	F
H	O	S	O	U	E	A	T	E	O	Z	B	E
D	U	U	Z	C	T	L	T	I	S	O	W	K
C	N	F	W	T	N	A	D	V	U	R	T	I
B	D	Q	L	S	X	O	D	M	E	S	O	S
L	U	E	G	N	C	M	R	O	D	E	O	H
R	P	W	I	K	Y	F	S	B	E	Q	L	R
S	A	I	B	E	S	J	T	S	P	X	I	A
W	Q	N	S	A	R	Y	A	J	M	S	J	T
T	L	E	C	Z	S	S	X	H	A	T	C	I
S	B	L	K	H	X	K	O	S	T	N	A	U
Z	Y	D	R	A	I	O	X	P	S	R	A	G

BOOTS   HORSE

BRONCO   RANCH

CAMPFIRE   RODEO

CATTLE   ROUNDUP

GUITAR   STAMPEDE

35. Zoo Animals

```
M W D G H Z D Z A M H Z K
R A E B R A L O P C V A O
V M I K R J P M C X X B O
T Q O V N C W G U I S C R
X S O R E C O N I H R J A
L N R T C L L C C W W P G
B A E P O L E T N A E I N
T V I L V B L P E C R V A
I T L Q J W I J H A U A K
G A L L I R O G F A D Z G
E D A O D T N F U N N W W
R A P J L R E E A Q Z T Z
X L A R F W L P P H X V M
```

ANTELOPE	LION
ELEPHANT	PANDA
GIRAFFE	POLAR BEAR
GORILLA	RHINOCEROS
KANGAROO	TIGER

36. Ice Cream

```
D A P V L U K C O Y U B L
A I U R Q G O Y R A Y I C
O C U C A F Q R I O R N E
R P W L F L E V J G R J V
Y Y I E J H I F A U E O A
K H E H C R O N G Y B T N
C J Y W C H C A E P W U I
O I M I H T V J Q E A N L
R E B H N Q N M D E R O L
P N S K P J M I Y O T C A
E T W X J R S T M R S O A
C H O C O L A T E D Z C M
I P Q F E A K U G O J U X
```

CHERRY

CHOCOLATE

COCONUT

COFFEE

MINT CHIP

PEACH

PRALINE

ROCKY ROAD

STRAWBERRY

VANILLA

37. Card Games

```
Y  M  M  U  R  J  Z  X  A  J  V  S  W
F  C  Q  C  Q  X  P  N  V  R  E  H  R
H  S  L  A  P  J  A  C  K  D  L  G  A
U  K  V  I  I  W  N  K  A  N  D  A  W
N  U  T  F  V  I  S  P  Y  S  Z  E  R
G  O  F  I  S  H  S  H  E  A  R  T  S
A  O  B  S  H  G  K  S  P  O  O  N  S
N  H  L  X  I  C  C  Q  E  K  K  L  I
F  G  S  O  L  I  T  A  I  R  E  Z  L
K  E  B  Q  D  U  P  P  N  A  N  C  J
X  T  Q  O  B  S  O  L  D  M  A  I  D
B  J  B  E  L  G  Q  G  O  Y  J  A  Q
Z  C  F  J  N  E  K  I  L  A  B  Z  O
```

GO FISH	SNAP
HEARTS	SOLITAIRE
OLD MAID	SPADES
RUMMY	SPOONS
SLAPJACK	WAR

38. Baseball Game

G	Q	F	P	I	T	C	H	E	R	B	P	W
C	O	G	I	N	T	M	Q	J	K	K	A	N
A	J	D	J	F	D	J	B	F	A	Z	Q	T
T	G	R	T	Y	G	H	W	K	T	A	F	S
C	N	M	V	O	V	F	N	D	E	B	V	Z
H	D	K	F	I	H	N	A	R	L	R	I	B
E	T	N	S	N	S	U	O	E	P	M	W	H
R	X	M	B	N	C	C	M	Q	A	O	W	B
A	W	T	A	I	S	E	E	U	C	U	A	W
C	I	F	S	N	A	P	P	V	Q	C	X	T
R	B	K	E	G	T	S	T	R	I	K	E	M
O	V	L	S	V	U	H	O	M	E	R	U	N
Y	F	A	L	S	F	M	M	A	E	T	T	I

BASES   INNING

BAT   PITCHER

CATCHER   SCORE

HOME RUN   STRIKE

HOT DOG   TEAM

39. Fishing

R	L	M	S	Z	M	N	D	M	R	O	X	Z
E	L	Y	U	Z	K	X	R	O	I	X	S	X
T	Q	J	X	T	J	W	E	G	C	H	Z	K
T	U	O	R	T	B	U	E	W	U	K	C	W
P	G	B	I	T	E	H	L	P	P	H	J	O
Q	O	K	Y	Q	J	L	I	N	E	V	Z	B
D	G	L	Y	M	C	P	K	Z	J	X	T	G
U	S	G	E	S	N	R	Y	C	U	V	A	Y
O	P	E	M	I	D	J	C	R	A	C	O	K
N	Y	R	S	U	N	T	V	R	E	T	L	Y
Z	O	U	T	Z	W	C	K	O	O	H	F	B
W	J	P	F	F	J	U	Y	W	H	V	P	I
K	T	T	X	Q	K	I	Z	Y	T	O	P	G

BITE	POLE
DOCK	REEL
FLOAT	TACKLE
HOOK	TROUT
LINE	WORMS

40. Sewing

```
I  K  V  Z  F  J  T  S  K  G  Z  J  X
X  R  H  R  B  D  B  I  B  U  W  K  K
O  M  D  N  M  H  G  U  Z  N  R  G  R
E  B  I  I  J  N  T  N  R  Q  I  J  H
S  T  Z  V  S  T  C  L  O  T  H  P  E
M  E  X  R  O  R  W  Y  N  H  X  K  V
M  X  Z  N  F  B  O  O  C  H  R  C  O
O  B  I  A  Z  Y  V  S  S  P  O  O  L
U  U  P  O  M  G  V  T  S  N  Q  P  I
F  L  P  A  Y  F  X  W  L  I  N  A  O
O  T  E  L  B  X  N  N  U  K  C  N  Q
X  S  R  F  J  E  L  D  E  E  N  S  X
B  A  S  T  E  S  E  I  I  X  W  J  O
```

BASTE	SCISSORS
BUTTON	SEAM
CLOTH	SNAP
NEEDLE	SPOOL
PIN	ZIPPER

41. Herbs and Spices

```
A  I  B  R  W  Z  P  I  K  K  C  L  F
I  D  G  I  H  H  Z  F  E  N  N  E  L
E  V  V  Q  A  N  X  H  I  D  S  Y  A
A  N  F  P  N  H  A  I  P  D  W  T  Y
Q  T  N  D  C  T  G  U  K  D  E  B  A
M  N  P  E  A  N  I  S  E  V  N  H  Z
D  L  M  K  Y  N  S  C  O  P  L  I  Y
U  I  M  H  Q  A  O  L  H  U  E  M  E
Y  S  E  X  G  U  C  R  F  E  R  Y  M
W  A  X  E  J  Y  F  S  F  J  K  P  Y
L  B  B  X  X  A  F  J  B  F  P  V  H
S  W  O  U  B  A  S  P  B  N  A  A  T
Z  O  R  E  G  A  N  O  R  T  G  S  H
```

ANISE	FENNEL
BASIL	OREGANO
BAY	SAFFRON
CAYENNE	SAGE
CLOVE	THYME

42. Hats

```
I  H  F  V  P  A  N  V  Z  I  I  D  E
F  E  D  O  R  A  O  V  X  B  L  P  X
Z  P  P  G  Y  U  A  S  W  S  I  U  K
P  D  G  T  G  F  Q  G  O  P  R  X  D
B  Z  W  Z  N  P  N  U  E  Q  U  R  N
C  G  J  T  E  I  C  V  U  D  H  E  P
P  R  U  E  K  I  O  U  Q  H  B  L  B
K  D  I  R  N  T  A  S  P  E  M  W  M
C  A  P  E  S  H  R  Z  A  D  E  O  K
N  E  V  B  X  K  A  N  K  K  O  B  R
O  I  K  T  Y  V  I  T  T  W  Q  E  N
N  H  E  L  M  E  T  H  F  F  H  E  G
E  C  N  U  D  H  L  B  B  X  S  G  U
```

BEANIE	FEDORA
BERET	FEZ
BOWLER	HELMET
CAP	STOVEPIPE
DUNCE	TIARA

43. Picnic

```
A S H M X S S Q X H K R U
X O C L W H E M W W R P B
E V C X C Y N U H D A Q Y
C G X P C E I C C W P C C
I R I K G O I W Y W O Z H
U A N G P W O Z L X Y Z M
J S S I D K N K O D B K F
W S O N K B C Y I V Q P A
E B A F S P K M F E Q P H
M S G L U S A H A A S T E
R O E V T E K N A L B S E
X V S T N A E R W Q P H C
Q V J R X R E L O O C C Q
```

ANTS   GRASS

BLANKET   JUICE

COOKIES   NAPKIN

COOLER   PARK

EGGS   SANDWICH

44. Bees

```
L  L  J  V  X  L  Q  Y  D  Z  X  U  B
B  U  Z  Z  Y  U  F  Y  Q  K  Y  G  Z
M  Y  B  E  E  S  W  A  X  N  U  N  V
E  Q  E  E  V  I  H  P  O  E  G  K  J
V  J  N  X  U  T  T  R  R  C  H  U  G
Y  K  T  I  T  Q  G  N  I  T  S  B  R
R  O  P  X  S  N  V  Q  D  A  O  W  E
G  E  H  D  E  R  T  C  U  R  Z  N  W
V  V  M  L  N  V  G  D  C  W  C  N  O
E  C  L  G  U  F  T  F  S  X  Y  B  L
J  O  M  E  F  M  N  D  O  J  V  K  F
P  H  D  A  K  C  Y  E  N  O  H  W  P
L  P  W  C  A  H  R  R  W  D  Q  B  P
```

BEESWAX	NECTAR
BUZZ	NEST
FLOWER	POLLEN
HIVE	QUEEN
HONEY	STING

45. On the Farm

```
R H W T V Z Q F V I E M U
L K G I P H C W E L F J H
J F A R M E R K W N X V Q
A D M H M N C G X E C H I
T F T X V Z T A R K Z E R
B N R H G N T U Q X B F E
A U F F R H T T F D F S K
W W O C N S A R C O R N U
C U A U A O J E B R W X L
H D J P G A D R C X S G B
F L E Q R Q M J H G W T T
R O T C A R T A K Y X X W
J H E X C O Y O E N X N L
```

CORN   HAY

COW   HEN

FARMER   PASTURE

FENCE   PIG

GOAT   TRACTOR

46. Washing the Car

```
B S B A O D X P B B E T L
H J U S Z K S K O G G B Z
E O U J B U I D S P N O O
A D O U D S B U I R O U I
T C R D R O Q O O I P U C
E E F K Q N W C M W S D O
S G N L R O O F A I V Y W
N O O A S E S Z H S O A P
I A L T A T E K C U B B G
R O Y W X E W W K X R C F
W H W Q Q G P U S U C E U
A P A U F S U D S L X X S
X R K D G P I H O J D H Q
```

BRUSH	ROOF
BUCKET	SOAP
CHAMOIS	SPONGE
HOOD	SUDS
RINSE	WAX

47. Food Groups

```
K  Z  I  E  Q  G  R  A  I  N  S  G  M
U  A  M  S  A  A  H  P  V  R  C  F  S
M  V  C  L  B  D  O  G  D  T  W  A  L
K  G  S  Z  S  U  V  F  V  Q  J  T  Z
P  M  E  P  L  L  S  P  E  G  I  S  Q
J  F  E  T  A  E  M  K  G  F  C  S  M
L  B  R  D  S  F  T  C  E  R  R  D  B
A  Y  K  W  A  I  G  J  T  U  B  A  M
C  N  P  D  O  I  E  X  A  I  V  S  K
E  Y  U  X  N  B  R  W  B  T  C  E  X
B  G  A  T  O  S  R  Y  L  S  C  U  X
W  E  G  S  S  K  V  K  E  P  Q  M  E
P  F  I  S  H  Y  A  I  S  R  Y  Y  V
```

DAIRY	GRAINS
EGGS	MEAT
FATS	NUTS
FISH	POULTRY
FRUITS	VEGETABLES

48. Tennis

```
S Y T U L G Y E R B V N D
T M S W J G P Y V G U U R
V A X Z F I Y O E R J N T
G T B G O O L K D L E E T
F C M C Z P Y L S V L S O
D H Y E T K Y E A E R O D
Y F F C U P T T F B X T V
W E S A I T C E G Q R R F
T R C M Z F W K H E P U S
N X C Q X W S C V A R O Z
P Y I D O F Z A B P J C S
G P A Q E F H R N E T X T
N V Z G P I R G B X H V F
```

ACE

BALL

COURT

GRIP

MATCH

NET

RACKET

SERVE

SET

VOLLEY

49. Birthday Party

```
S  P  P  T  F  B  O  H  P  V  B  L  K
S  A  J  B  A  L  L  O  O  N  N  P  B
Z  I  R  F  I  G  N  P  X  C  L  J  I
L  J  N  C  C  F  R  I  E  N  D  S  C
Q  Q  Z  G  G  P  Y  U  D  Y  G  E  V
Y  C  I  S  U  M  H  D  P  E  O  L  L
U  P  G  V  O  A  B  F  M  I  N  D  L
M  C  S  O  T  Q  W  R  S  R  N  N  G
Y  D  N  A  C  E  J  U  N  D  R  A  C
Y  V  S  X  J  K  G  N  Z  Y  M  C  Q
S  J  J  J  K  A  Y  H  Q  E  O  I  F
J  T  V  I  T  C  N  E  E  R  K  M  A
C  D  P  P  M  F  R  R  A  I  Y  X  V
```

BALLOON   FRIENDS

CAKE   GAME

CANDLES   HAT

CANDY   MUSIC

CARD   SING

50. Reptiles

```
E  E  L  P  C  Z  D  I  C  O  B  R  A
C  S  M  E  O  U  K  R  P  C  F  G  S
V  I  P  E  R  P  N  O  A  P  X  P  P
W  O  M  P  D  J  J  K  K  Z  L  I  U
B  T  Q  U  B  E  O  C  M  W  I  Z  P
O  R  Q  Z  D  X  E  E  Q  Y  W  L  K
P  O  Q  J  C  T  I  G  H  J  P  K  B
Y  T  Y  X  Q  G  V  T  T  H  K  N  O
T  B  G  W  U  J  G  S  P  E  Z  I  H
H  Z  Q  A  H  X  K  L  F  V  J  K  H
O  G  N  Q  J  J  V  E  K  A  N  S  F
N  A  M  F  H  S  P  N  M  J  C  K  K
A  L  L  I  G  A  T  O  R  R  H  E  A
```

ALLIGATOR	PYTHON
COBRA	SKINK
GECKO	SNAKE
IGUANA	TORTOISE
LIZARD	VIPER

SOLUTIONS

1.

```
Y M T Y T S E V E F I L W
A V G A W B V D E S G I Z
O I N P H T E Y S A S I R
Z B S M O N A P L F O Q J
Q I P L P G S L P B M G Q
U D I S E A E P R O E V C
C P H T W Y S M C V L T E
O X P I T O A S T A I H F
C W Y A W N U R E I B A G
K A M N W M A R I N A I G
P L S C A R R Y O N G U N
I M H L R T L E B T A E S
T F S O G F I W Y Y R E R
```

2.

```
J K F C F T I N Q P X Z M
K A N K G O I P I Z Y N V
A B Q J A L F N E M L E W
C A S W O L A I T R O M I
I S F D G S T L U Y P U V
N S N O A F A O L X H R Z
O A A V N D V I F N O D L
M O M N H A P V U R N K C
R E D D S Z I S Y Q E H E
A R A T I U G P X W R E R
H T E N I R A L C Q R F G
A S Z A V G Y F H K C N W
K Q V D D E M W N S H T G
```

3.

```
E I H X G I F B A N A N A
M W P S Z C A F S A K Z K
I I T H X Y W L J I E V O
L K R E N V D U H X W V O
K M R V S E M U W D A Y D
K R C O U I A N N E T A I
Y H W Z R S G P S G E R H
Q P E S F Y R F P J R R R
I B K Y W H A F G L M I D
K F A F C Y P F R P E C O
X H M A T I E P G G L O V
J U E Y M U G P K H O T A
P P E H B X C A J B N M X
```

4.

```
B D P T G X Q L V I K Y L
Y S A E L F L Z M C J A K
H Y D R B H P W I Z X Y L
E L H M G T K T O Z O F B
C G I I P O V T J I R V E
P T J T J M E O W N W K E
V Q W E T K X P S A W N T
O E Z M C M B D R W S C L
Y T V I F F W D K P F C E
M M R N L T C A I C W E A
B C I E Y M X D U F X N A
H G M I C E E F T P T P U
W Z J W N R A D S E U U E
```

5.

```
S N K P V D B E T N Z B N
H T N E T L C F R Q V T R
H N O B M E U E A E D D C
B O A O N U T X I D E R O
A W X W B N N Y L O Y I M
C X E S A J G Q S P J I P
K M R L G W J J E Q K D A
P Q F J P B Q P F W J T S
A O I E G K P S E K A T S
C E V O T S B T W D C O R
K Z H N U O A H Y W B G F
P A M T N I N L L M K Q Z
Z H A T C H E T W H L C X
```

6.

```
K A M W C J B S G T K Q U
B X J J K M Q Z I L F P L
R G R A N D P A J S F Q O
E A T E X N Z T R M T J S
H M A B J I O E P S Q E N
T D K M Z O T S P M S H R
O N K M M H W D L U O P K
R A H S G O A E A S W M N
B R T U C D G L I E L K V
T G A Z X V C C T X T Y M
A D V V B J B N O H Q X N
S N T S K F U U B I J F Y
A E S J H A H A U A G P C
```

7.

```
K K D R U B D H M A A L R
G C G U J D B X I S K N Z
I E I Q B Q E A T A K Q
E E C K H Q N S W M M F J
V P A S S T D K C I E Y I
Q F H U R W T O O H S G C
L S E R V E T F C Y Y E H
Z A L Y O T F T M D I C A
Q C C I H T E T Q V T A V
X R A R A R L Y X I A A U
N D O T T Z H W P C M D H
N W L S C J S D J H I W K
J E O Z N H B G Z D R L I
```

8.

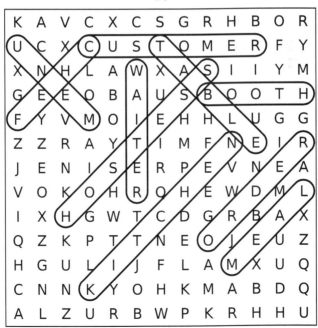

```
K A V C X C S G R H B O R
U C X C U S T O M E R F Y
X N H L A W X A S I I Y M
G E E O B A U S B O O T H
F Y V M O I E H H L U G G
Z Z R A Y T I M F N E I R
J E N I S E R P E V N E A
V O K O H R O H E W D M L
I X H G W T C D G R B A X
Q Z K P T T N E O J E U Z
H G U L I J F L A M X U Q
C N N K Y O H K M A B D Q
A L Z U R B W P K R H H U
```

9.

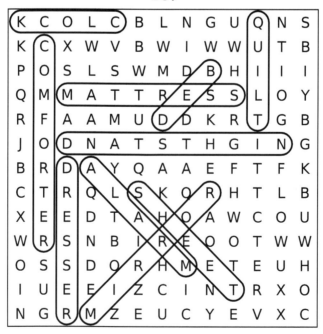

S	H	U	M	B	R	E	L	L	A	Z	Y	R
Q	N	D	E	R	D	U	N	E	O	K	N	Z
X	C	K	T	E	R	F	S	K	S	F	F	G
S	Y	D	R	L	Q	S	A	L	W	Z	W	D
C	L	D	Q	O	V	F	H	N	I	I	J	V
E	S	Y	M	O	I	U	Q	O	M	B	L	I
H	R	L	H	C	O	Q	X	C	V	I	F	L
L	R	T	Q	J	S	Q	E	E	F	E	O	E
L	D	D	W	E	L	U	Z	U	R	U	L	W
E	K	C	I	X	D	M	G	I	U	U	C	O
H	I	L	S	U	M	D	W	A	S	T	D	T
S	T	U	T	S	S	I	G	F	V	C	S	A
Z	E	H	P	D	R	A	U	G	E	F	I	L

10.

K	C	O	L	C	B	L	N	G	U	Q	N	S
K	C	X	W	V	B	W	I	W	W	U	T	B
P	O	S	L	S	W	M	D	B	H	I	I	I
Q	M	M	A	T	T	R	E	S	S	L	O	Y
R	F	A	A	M	U	D	D	K	R	T	G	B
J	O	D	N	A	T	S	T	H	G	I	N	G
B	R	D	A	Y	Q	A	A	E	F	T	F	K
C	T	R	Q	L	S	K	O	R	H	T	L	B
X	E	E	D	T	A	H	O	A	W	C	O	U
W	R	S	N	B	I	R	E	O	O	T	W	W
O	S	S	D	O	R	H	M	E	T	E	U	H
I	U	E	E	I	Z	C	I	N	T	R	X	O
N	G	R	M	Z	E	U	C	Y	E	V	X	C

11.

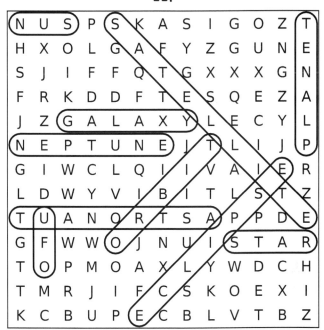

N	U	S	P	S	K	A	S	I	G	O	Z	T
H	X	O	L	G	A	F	Y	Z	G	U	N	E
S	J	I	F	F	O	T	G	X	X	X	G	N
F	R	K	D	D	F	T	E	S	Q	E	Z	A
J	Z	G	A	L	A	X	Y	L	E	C	Y	L
N	E	P	T	U	N	E	I	T	L	I	J	P
G	I	W	C	L	Q	I	I	V	A	I	E	R
L	D	W	Y	V	I	B	I	T	L	S	T	Z
T	U	A	N	O	R	T	S	A	P	P	D	E
G	F	W	W	O	J	N	U	I	S	T	A	R
T	O	P	M	O	A	X	L	Y	W	D	C	H
T	M	R	J	I	F	C	S	K	O	E	X	I
K	C	B	U	P	E	C	B	L	V	T	B	Z

12.

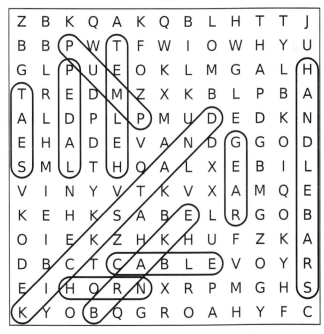

Z	B	K	Q	A	K	Q	B	L	H	T	T	J
B	B	P	W	T	F	W	I	O	W	H	Y	U
G	L	P	U	E	O	K	L	M	G	A	L	H
T	R	E	D	M	Z	X	K	B	L	P	B	A
A	L	D	P	L	P	M	U	D	E	D	K	N
E	H	A	D	E	V	A	N	D	G	G	O	D
S	M	L	T	H	O	A	L	X	E	B	I	L
V	I	N	Y	V	T	K	V	X	A	M	Q	E
K	E	H	K	S	A	B	E	L	R	G	O	B
O	I	E	K	Z	H	K	H	U	F	Z	K	A
D	B	C	T	C	A	B	L	E	V	O	Y	R
E	I	H	O	R	N	X	R	P	M	G	H	S
K	Y	O	B	Q	G	R	O	A	H	Y	F	C

13.

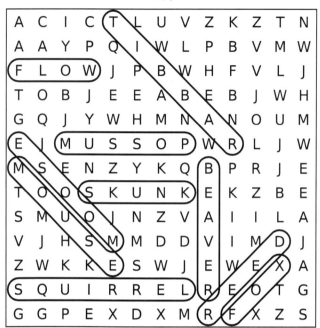

```
A  C  I  C  T  L  U  V  Z  K  Z  T  N
A  A  Y  P  Q  I  W  L  P  B  V  M  W
F  L  O  W  J  P  B  W  H  F  V  L  J
T  O  B  J  E  E  A  B  E  B  J  W  H
G  Q  J  Y  W  H  M  N  A  N  O  U  M
E  J  M  U  S  S  O  P  W  R  L  J  W
M  S  E  N  Z  Y  K  Q  B  P  R  J  E
T  O  O  S  K  U  N  K  E  K  Z  B  E
S  M  U  O  J  N  Z  V  A  I  I  L  A
V  J  H  S  M  M  D  D  V  I  M  D  J
Z  W  K  K  E  S  W  J  E  W  E  X  A
S  Q  U  I  R  R  E  L  R  E  O  T  G
G  G  P  E  X  D  X  M  R  F  X  Z  S
```

14.

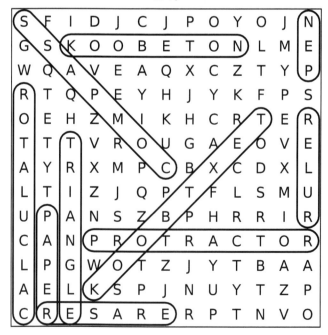

```
S  F  I  D  J  C  J  P  O  Y  O  J  N
G  S  K  O  O  B  E  T  O  N  L  M  E
W  Q  A  V  E  A  Q  X  C  Z  T  Y  P
R  T  Q  P  E  Y  H  J  Y  K  F  P  S
O  E  H  Z  M  I  K  H  C  R  T  E  R
T  T  V  R  O  U  G  A  E  O  V  E  E
A  Y  R  X  M  P  C  B  X  C  D  X  L
L  T  I  Z  J  Q  P  T  F  L  S  M  U
U  P  A  N  S  Z  B  P  H  R  R  I  R
C  A  N  P  R  O  T  R  A  C  T  O  R
L  P  G  W  O  T  Z  J  Y  T  B  A  A
A  E  L  K  S  P  J  N  U  Y  T  Z  P
C  R  E  S  A  R  E  R  P  T  N  V  O
```

15.

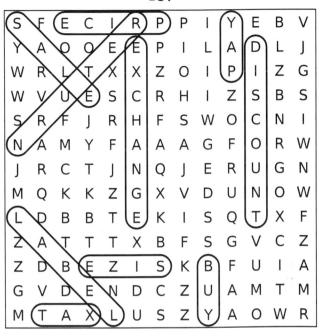

S	F	E	C	I	R	P	P	I	Y	E	B	V
Y	A	O	O	E	E	P	I	L	A	D	L	J
W	R	L	T	X	X	Z	O	I	P	I	Z	G
W	V	U	E	S	C	R	H	I	Z	S	B	S
S	R	F	J	R	H	F	S	W	O	C	N	I
N	A	M	Y	F	A	A	A	G	F	O	R	W
J	R	C	T	J	N	Q	J	E	R	U	G	N
M	Q	K	K	Z	G	X	V	D	U	N	O	W
L	D	B	B	T	E	K	I	S	Q	T	X	F
Z	A	T	T	T	X	B	F	S	G	V	C	Z
Z	D	B	E	Z	I	S	K	B	F	U	I	A
G	V	D	E	N	D	C	Z	U	A	M	T	M
M	T	A	X	L	U	S	Z	Y	A	O	W	R

16.

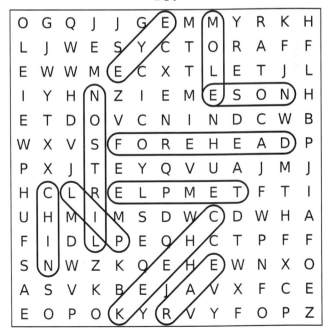

O	G	Q	J	J	G	E	M	M	Y	R	K	H
L	J	W	E	S	Y	C	T	O	R	A	F	F
E	W	W	M	E	C	X	T	L	E	T	J	L
I	Y	H	N	Z	I	E	M	E	S	O	N	H
E	T	D	O	V	C	N	I	N	D	C	W	B
W	X	V	S	F	O	R	E	H	E	A	D	P
P	X	J	T	E	Y	Q	V	U	A	J	M	J
H	C	L	R	E	L	P	M	E	T	F	T	I
U	H	M	I	M	S	D	W	C	D	W	H	A
F	I	D	L	P	E	O	H	C	T	P	F	F
S	N	W	Z	K	O	E	H	E	W	N	X	O
A	S	V	K	B	E	J	A	V	X	F	C	E
E	O	P	O	K	Y	R	V	Y	F	O	P	Z

17.

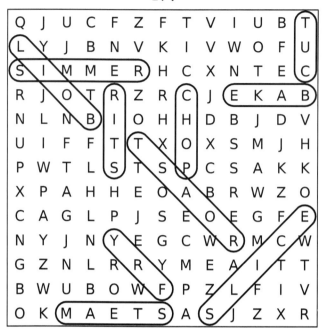

```
Q J U C F Z F T V I U B T
L Y J B N V K I V W O F U
S I M M E R H C X N T E C
R J O T R Z R C J E K A B
N L N B I O H H D B J D V
U I F F T X O X S M J H
P W T L S T S P C S A K K
X P A H H E O A B R W Z O
C A G L P J S E O E G F E
N Y J N Y E G C W R M C W
G Z N L R R Y M E A I T T
B W U B O W F P Z L F I V
O K M A E T S A S J Z X R
```

18.

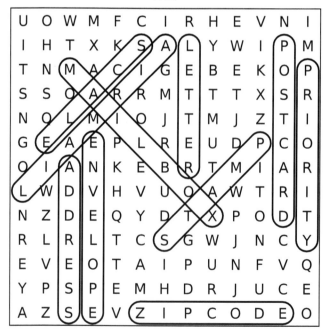

```
U O W M F C I R H E V N I
I H T X K S A L Y W I P M
T N M A C I G E B E K O P
S S O A R R M T T T X S R
N O L M I O J T M J Z T I
G E A E P L R E U D P C O
O I A N K E B R T M I A R
L W D V H V U O A W T R I
N Z D E Q Y D T X P O D T
R L R L T C S G W J N C Y
E V E O T A I P U N F V Q
Y P S P E M H D R J U C E
A Z S E V Z I P C O D E O
```

19.

```
V Y R R P N O R K A R S I
V A L P W G R X S E G U L
W K O Y R E C A N C E R O
K Y K I L A S L I N M U J
P K V G E R B C E H I A I
S S E C S I P Y O O N T O
T U N L P E U N J R I T O
W O I X A S K Z I K P I C
U V N R O C I R P A C I L
H V Y M A P O A R B I L O
N M E T N U L G L N S U D
F O C O W A Q S D D W S E
J S A G I T T A R I U S H
```

20.

```
H Y P R I N C E S S H X F
X I B F B T F H O P M K G
J S Z T A C T R Z M I J N
T P P R T I A P O I G Z I
D R A Z I W R J O G H Q N
I G E X Z P X Y H P C L E
N T Z G R V Q H C T X K E
N O Y B L A J L T E V T U
R G G B F T H G I N K N Q
Y X G A L R X U W O H A H
J D N I R A E Y M A Z I P
O X I Q J D X Z W Q G G C
I L K S O N E G T H F I S
```

21.

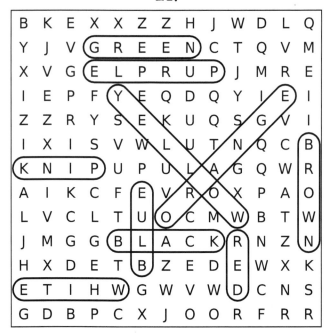

```
B K E X X Z Z H J W D L Q
Y J V G R E E N C T Q V M
X V G E L P R U P J M R E
I E P F Y E Q D Q Y I E I
Z Z R Y S E K U Q S G V I
I X I S V W L U T N Q C B
K N I P U P U L A G Q W R
A I K C F E V R O X P A O
L V C L T U O C M W B T W
J M G G B L A C K R N Z N
H X D E T B Z E D E W X K
E T I H W G W V W D C N S
G D B P C X J O O R F R R
```

22.

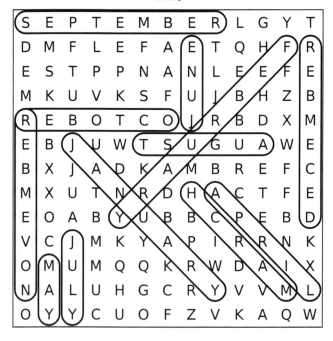

```
S E P T E M B E R L G Y T
D M F L E F A E T Q H F R
E S T P P N A N L E E F E
M K U V K S F U B H Z B
R E B O T C O J R B D X M
E B J U W T S U G U A W E
B X J A D K A M B R E F C
M X U T N R D H A C T F E
E O A B Y U B B C P E B D
V C J M K Y A P I R R N K
O M U M Q Q K R W D A I X
N A L U H G C R Y V V M L
O Y Y C U O F Z V K A Q W
```

23.

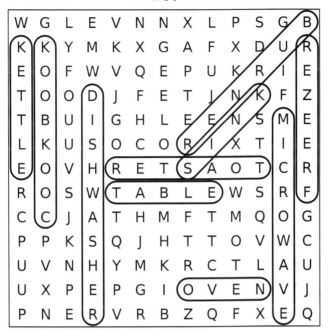

```
W G L E V N N X L P S G B
K K Y M K X G A F X D U R
E O F W V Q E P U K R I E
T O O D J F E T J N K F Z
T B U I G H L E N S M E
L K U S O C O R X T I E
E O V H R E T S A O T C R
R O S W T A B L E W S R F
C C J A T H M F T M Q O G
P P K S Q J H T T O V W C
U V N H Y M K R C T L A U
U X P E P G I O V E N V J
P N E R V R B Z Q F X E Q
```

24.

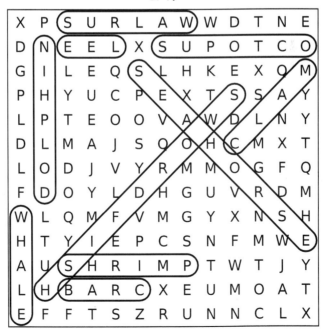

```
X P S U R L A W W D T N E
D N E E L X S U P O T C O
G I L E Q S L H K E X O M
P H Y U C P E X T S S A Y
L P T E O O V A W D L N Y
D L M A J S O O H C M X T
L O D J V Y R M O G F Q
F D O Y L D H G U V R D M
W L Q M F V M G Y X N S H
H T Y I E P C S N F M W E
A U S H R I M P T W T J Y
L H B A R C X E U M O A T
E F F T S Z R U N N C L X
```

25.

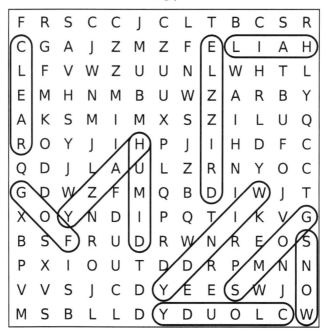

```
F R S C C J C L T B C S R
C G A J Z M Z F E L I A H
L F V W Z U U N L W H T L
E M H N M B U W Z A R B Y
A K S M I M X S Z I L U Q
R O Y J I H P J I H D F C
Q D J L A U L Z R N Y O C
G D W Z F M Q B D I W J T
X O Y N D I P Q T I K V G
B S F R U D R W N R E O S
P X I O U T D D R P M N N
V V S J C D Y E E S W J O
M S B L L D Y D U O L C W
```

26.

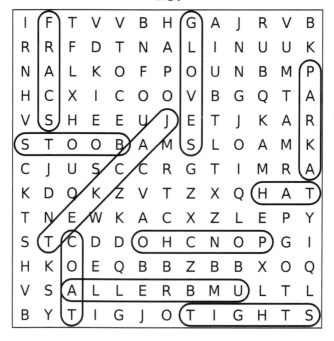

```
I F T V V B H G A J R V B
R R F D T N A L I N U U K
N A L K O F P O U N B M P
H C X I C O O V B G Q T A
V S H E E U J E T J K A R
S T O O B A M S L O A M K
C J U S C C R G T I M R A
K D O K Z V T Z X Q H A T
T N E W K A C X Z L E P Y
S T C D D O H C N O P G I
H K O E Q B B Z B B X O Q
V S A L L E R B M U L T L
B Y T I G J O T I G H T S
```

27.

R	S	F	V	L	P	L	Z	W	A	L	L	E
F	Y	R	G	H	A	L	C	A	R	I	R	N
X	Z	H	P	C	L	O	I	S	D	A	U	X
K	S	R	T	N	K	U	Z	E	X	N	O	M
A	G	H	T	E	U	U	G	D	R	E	Q	S
V	O	W	Z	R	H	X	K	W	K	S	H	B
R	B	Z	E	W	S	Y	H	D	R	Z	C	B
E	B	Y	O	E	Q	W	T	E	Y	S	V	M
M	F	T	D	B	Q	D	C	H	I	S	E	L
M	H	A	M	R	B	T	O	I	R	G	O	U
A	Q	E	V	I	I	O	L	V	J	L	L	A
H	X	O	K	I	N	L	L	P	V	I	S	E
O	W	B	N	T	D	B	L	T	C	W	T	H

28.

D	K	X	O	L	O	P	R	E	T	A	W	S
H	Z	L	J	T	X	K	V	H	L	R	S	K
L	G	B	X	C	C	L	L	H	R	C	Q	I
N	O	I	U	S	R	L	H	I	S	H	G	I
Q	L	A	H	T	L	A	S	E	Q	E	G	N
Z	F	T	A	W	G	B	K	M	Q	R	E	G
K	D	H	R	F	Y	Y	A	F	L	Y	E	F
J	W	L	G	K	O	E	T	P	E	A	E	Z
K	A	O	U	F	U	L	I	J	X	N	R	N
Q	O	N	V	G	I	L	N	O	C	W	Y	D
D	T	C	S	J	E	O	G	I	D	Y	N	M
B	U	F	D	M	L	V	N	U	V	U	Y	R
F	O	C	O	N	E	G	I	I	G	R	J	C

29.

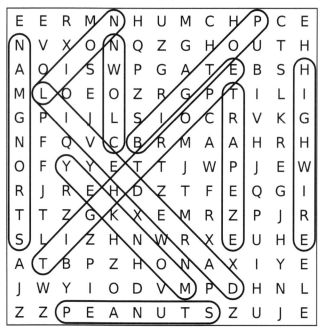

E	E	R	M	N	H	U	M	C	H	P	C	E
N	V	X	O	N	Q	Z	G	H	O	U	T	H
A	O	I	S	W	P	G	A	T	E	B	S	H
M	L	O	E	O	Z	R	G	P	T	I	L	I
G	P	I	J	S	I	O	C	R	V	K	I	G
N	F	Q	V	C	B	R	M	A	A	H	R	H
O	F	Y	Y	E	T	J	W	P	J	E	W	W
R	J	R	E	H	D	Z	T	F	E	Q	G	I
T	T	Z	G	K	X	E	M	R	Z	P	J	R
S	L	I	Z	H	N	W	R	X	E	U	H	E
A	T	B	P	Z	H	O	N	A	X	I	Y	E
J	W	Y	I	O	D	V	M	P	D	H	N	L
Z	Z	P	E	A	N	U	T	S	Z	U	J	E

30.

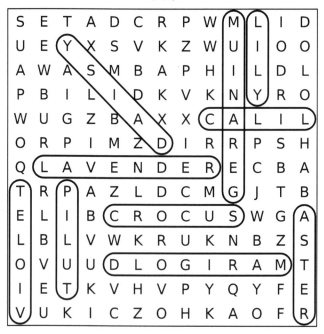

S	E	T	A	D	C	R	P	W	M	L	I	D
U	E	Y	X	S	V	K	Z	W	U	I	O	O
A	W	A	S	M	B	A	P	H	I	L	D	L
P	B	I	L	I	D	K	V	K	N	Y	R	O
W	U	G	Z	B	A	X	X	C	A	L	I	L
O	R	P	I	M	Z	D	I	R	R	P	S	H
Q	L	A	V	E	N	D	E	R	E	C	B	A
T	R	P	A	Z	L	D	C	M	G	J	T	B
E	L	I	B	C	R	O	C	U	S	W	G	A
L	B	L	V	W	K	R	U	K	N	B	Z	S
O	V	U	U	D	L	O	G	I	R	A	M	T
I	E	T	K	V	H	V	P	Y	Q	Y	F	E
V	U	K	I	C	Z	O	H	K	A	O	F	R

31.

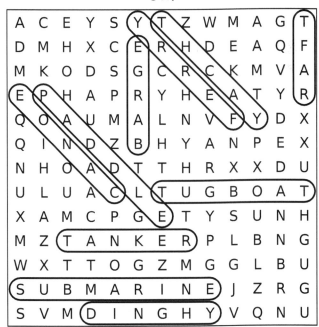

```
N J Y J N B X D S D U R Z
F S C Y L I N D E R R Z Z
C H Q P R F O Q T M W R S
H Z L U M S G T L Q S X U
B C S J A K A C E H P N H
J O L O O R X Y I E E S H
C N H V C C E K N R P H H
O E A T T U H T L F C X N
W L E E A C A K J Q H L N
P C B G G W J Q G V N E
O U N J O E P Y R A M I D
C E D N N T Q H P S I Q L
G U J S H Z J W L S A O U
```

32.

```
A C E Y S Y T Z W M A G T
D M H X C E R H D E A Q F
M K O D S G C R C K M V A
E P H A P R Y H E A T Y R
Q O A U M A L N V F Y D X
Q I N D Z B H Y A N P E X
N H O A T T H R X X D U
U L U A C L T U G B O A T
X A M C P G E T Y S U N H
M Z T A N K E R P L B N G
W X T T O G Z M G G L B U
S U B M A R I N E J Z R G
S V M D I N G H Y V Q N U
```

33.

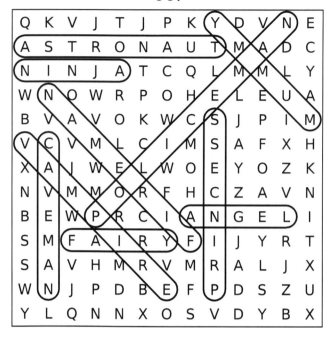

Q	K	V	J	T	J	P	K	Y	D	V	N	E
A	S	T	R	O	N	A	U	T	M	A	D	C
N	I	N	J	A	T	C	Q	L	M	M	L	Y
W	N	O	W	R	P	O	H	E	L	E	U	A
B	V	A	V	O	K	W	C	S	J	P	I	M
V	C	V	M	L	C	I	M	S	A	F	X	H
X	A	J	W	E	L	W	O	E	Y	O	Z	K
N	V	M	M	O	R	F	H	C	Z	A	V	N
B	E	W	P	R	C	I	A	N	G	E	L	I
S	M	F	A	I	R	Y	F	I	J	Y	R	T
S	A	V	H	M	R	V	M	R	A	L	J	X
W	N	J	P	D	B	E	F	P	D	S	Z	U
Y	L	Q	N	N	X	O	S	V	D	Y	B	X

34.

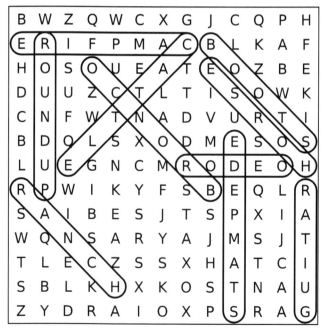

B	W	Z	Q	W	C	X	G	J	C	Q	P	H
E	R	I	F	P	M	A	C	B	L	K	A	F
H	O	S	Q	U	E	A	T	E	O	Z	B	E
D	U	U	Z	C	T	L	T	I	S	O	W	K
C	N	F	W	T	N	A	D	V	U	R	T	I
B	D	O	L	S	X	O	D	M	E	S	O	S
L	U	E	G	N	C	M	R	O	D	E	O	H
R	P	W	I	K	Y	F	S	B	E	Q	L	R
S	A	I	B	E	S	J	T	S	P	X	I	A
W	Q	N	S	A	R	Y	A	J	M	S	J	T
T	L	E	C	Z	S	S	X	H	A	T	C	I
S	B	L	K	H	X	K	O	S	T	N	A	U
Z	Y	D	R	A	I	O	X	P	S	R	A	G

35.

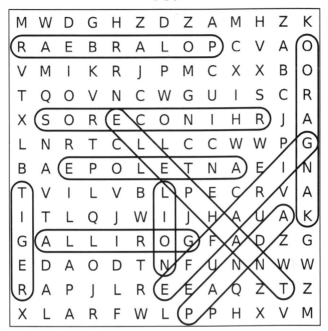

```
M W D G H Z D Z A M H Z K
R A E B R A L O P C V A O
V M I K R J P M C X X B O
T Q O V N C W G U I S C R
X S O R E C O N I H R J A
L N R T C L L C C W W P G
B A E P O L E T N A E I N
T V I L V B L P E C R V A
I T L Q J W I J H A U A K
G A L L I R O G F A D Z G
E D A O D T N F U N N W W
R A P J L R E E A Q Z T Z
X L A R F W L P P H X V M
```

36.

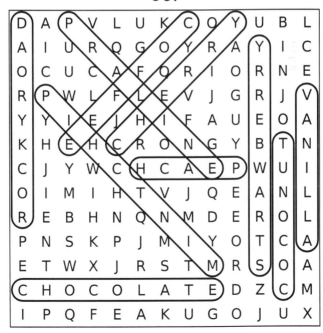

```
D A P V L U K C O Y U B L
A I U R Q G O Y R A Y I C
O C U C A F O R I O R N E
R P W L F L E V J G R J V
Y Y I E J H I F A U E O A
K H E H C R O N G Y B T N
C J Y W C H C A E P W U I
O I M I H T V J Q E A N L
R E B H N Q N M D E R O L
P N S K P J M I Y O T C A
E T W X J R S T M R S O A
C H O C O L A T E D Z C M
I P Q F E A K U G O J U X
```

37.

```
Y M M U R J Z X A J V S W
F C Q C Q X P N V R E H R
H S L A P J A C K D L G A
U K V I I W N K A N D A W
N U T F V I S P Y S Z E R
G O F I S H S H E A R T S
A O B S H G K S P O O N S
N H L X I C C Q E K K L I
F G S O L I T A I R E Z L
K E B Q D U P P N A N C J
X T Q O B S O L D M A I D
B J B E L G Q G O Y J A Q
Z C F J N E K I L A B Z O
```

38.

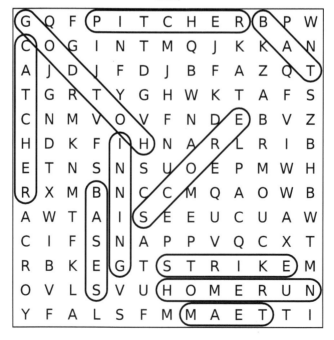

```
G Q F P I T C H E R B P W
C O G I N T M Q J K K A N
A J D J F D J B F A Z Q T
T G R T Y G H W K T A F S
C N M V O V F N D E B V Z
H D K F I H N A R L R I B
E T N S N S U O E P M W H
R X M B N C C M Q A O W B
A W T A I S E E U C U A W
C I F S N A P P V Q C X T
R B K E G T S T R I K E M
O V L S V U H O M E R U N
Y F A L S F M M A E T T I
```

39.

```
R L M S Z M N D M R O X Z
E L Y U Z K X R O I X S X
T Q J X T J W E G C H Z K
T U O R T B U E W U K C W
P G B I T E H L P P H J O
Q O K Y Q J L I N E V Z B
D G L Y M C P K Z J X T G
U S G E S N R Y C U V A Y
O P E M I D J C R A C O K
N Y R S U N T V R E T L Y
Z O U T Z W C K O O H F B
W J P F F J U Y W H V P I
K T T X Q K I Z Y T O P G
```

40.

```
I K V Z F J T S K G Z J X
X R H R B D B I B U W K K
O M D N M H G U Z N R G R
E B I I J N T N R Q I I H
S T Z V S T C L O T H P E
M E X R O R W Y N H X K V
M X Z N F B O O C H R C O
O B I A Z Y V S S P O O L
U U P O M G V T S N Q P I
F L P A Y F X W L I N A O
O T E L B X N N U K C N Q
X S R F J E L D E E N S X
B A S T E S E I I X W J O
```

41.

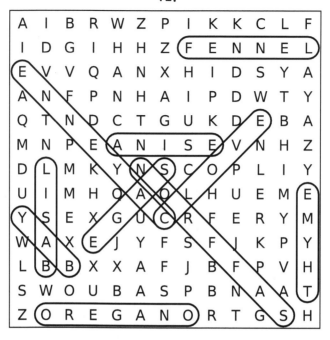

```
A I B R W Z P I K K C L F
I D G I H H Z F E N N E L
E V V Q A N X H I D S Y A
A N F P N H A I P D W T Y
Q T N D C T G U K D E B A
M N P E A N I S E V N H Z
D L M K Y N S C O P L I Y
U I M H O A O L H U E M E
Y S E X G U C R F E R Y M
W A X E J Y F S F J K P Y
L B B X X A F J B F P V H
S W O U B A S P B N A A T
Z O R E G A N O R T G S H
```

42.

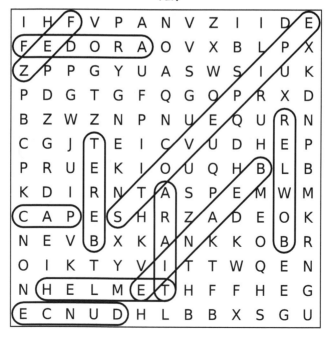

```
I H F V P A N V Z I I D E
F E D O R A O V X B L P X
Z P P G Y U A S W S I U K
P D G T G F Q G O P R X D
B Z W Z N P N U E Q U R N
C G J T E I C V U D H E P
P R U E K I O U Q H B L B
K D I R N T A S P E M W M
C A P E S H R Z A D E O K
N E V B X K A N K K O B R
O I K T Y V I T T W Q E N
N H E L M E T H F F H E G
E C N U D H L B B X S G U
```

43.

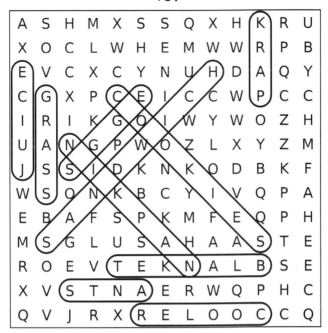

```
A S H M X S S Q X H K R U
X O C L W H E M W W R P B
E V C X C Y N U H D A Q Y
C G X P C E I C C W P C C
I R I K G O I W Y W O Z H
U A N G P W O Z L X Y Z M
J S S I D K N K O D B K F
W S O N K B C Y I V Q P A
E B A F S P K M F E Q P H
M S G L U S A H A A S T E
R O E V T E K N A L B S E
X V S T N A E R W Q P H C
Q V J R X R E L O O C C Q
```

44.

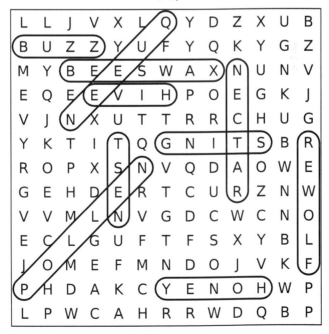

```
L L J V X L Q Y D Z X U B
B U Z Z Y U F Y Q K Y G Z
M Y B E E S W A X N U N V
E Q E E V I H P O E G K J
V J N X U T T R R C H U G
Y K T I T Q G N I T S B R
R O P X S N V Q D A O W E
G E H D E R T C U R Z N W
V V M L N V G D C W C N O
E C L G U F T F S X Y B L
J O M E F M N D O J V K F
P H D A K C Y E N O H W P
L P W C A H R R W D Q B P
```

45.

```
R H W T V Z Q F V I E M U
L K G I P H C W E L F J H
J F A R M E R K W N X V Q
A D M H M N C G X E C H I
T F T X V Z T A R K Z E R
B N R H G N T U Q X B F E
A U F F R H T T F D F S K
W W O C N S A R C O R N U
C U A U A O J E B R W X L
H D J P G A D R C X S G B
F L E Q R Q M J H G W T T
R O T C A R T A K Y X X W
J H E X C O Y O E N X N L
```

46.

```
B S B A O D X P B B E T L
H J U S Z K S K O G G B Z
E O U J B U I D S P N O O
A D O U D S B U I R O U I
T C R D R O Q O O I P U C
E E F K Q N W C M W S D O
S G N L R O O F A I V Y W
N O O A S E S Z H S O A P
I A L T A T E K C U B B G
R O Y W X E W W K X R C F
W H W Q Q G P U S U C E U
A P A U F S U D S L X X S
X R K D G P I H O J D H Q
```

47.

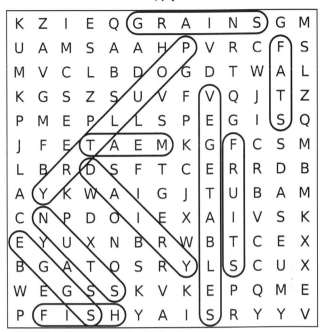

```
K Z I E Q G R A I N S G M
U A M S A A H P V R C F S
M V C L B D O G D T W A L
K G S Z S U V F V Q J T Z
P M E P L L S P E G I S Q
J F E T A E M K G F C S M
L B R D S F T C E R R D B
A Y K W A I G J T U B A M
C N P D O I E X A I V S K
E Y U X N B R W B T C E X
B G A T O S R Y L S C U X
W E G S S K V K E P Q M E
P F I S H Y A I S R Y Y V
```

48.

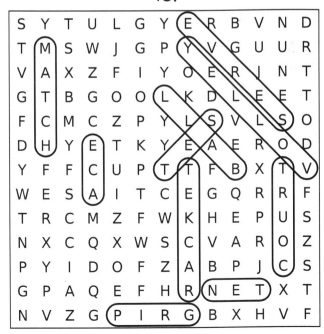

```
S Y T U L G Y E R B V N D
T M S W J G P Y V G U U R
V A X Z F I Y O E R J N T
G T B G O O L K D L E E T
F C M C Z P Y L S V L S O
D H Y E T K Y E A E R O D
Y F F C U P T T F B X T V
W E S A I T C E G Q R R F
T R C M Z F W K H E P U S
N X C Q X W S C V A R O Z
P Y I D O F Z A B P J C S
G P A Q E F H R N E T X T
N V Z G P I R G B X H V F
```

49.

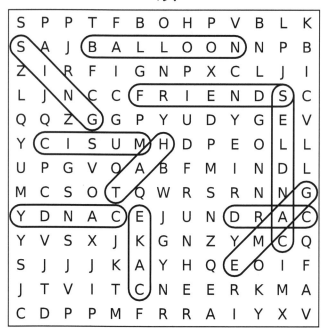

```
S  P  P  T  F  B  O  H  P  V  B  L  K
S  A  J  B  A  L  L  O  O  N  N  P  B
Z  I  R  F  I  G  N  P  X  C  L  J  I
L  J  N  C  C  F  R  I  E  N  D  S  C
Q  Q  Z  G  G  P  Y  U  D  Y  G  E  V
Y  C  I  S  U  M  H  D  P  E  O  L  L
U  P  G  V  O  A  B  F  M  I  N  D  L
M  C  S  O  T  Q  W  R  S  R  N  N  G
Y  D  N  A  C  E  J  U  N  D  R  A  C
Y  V  S  X  J  K  G  N  Z  Y  M  C  Q
S  J  J  J  K  A  Y  H  Q  E  O  I  F
J  T  V  I  T  C  N  E  E  R  K  M  A
C  D  P  P  M  F  R  R  A  I  Y  X  V
```

50.

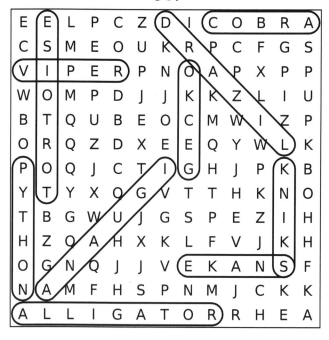

```
E  E  L  P  C  Z  D  I  C  O  B  R  A
C  S  M  E  O  U  K  R  P  C  F  G  S
V  I  P  E  R  P  N  O  A  P  X  P  P
W  O  M  P  D  J  J  K  K  Z  L  I  U
B  T  Q  U  B  E  O  C  M  W  I  Z  P
O  R  Q  Z  D  X  E  E  Q  Y  W  L  K
P  O  Q  J  C  T  I  G  H  J  P  K  B
Y  T  Y  X  O  G  V  T  T  H  K  N  O
T  B  G  W  U  J  G  S  P  E  Z  I  H
H  Z  Q  A  H  X  K  L  F  V  J  K  H
O  G  N  Q  J  J  V  E  K  A  N  S  F
N  A  M  F  H  S  P  N  M  J  C  K  K
A  L  L  I  G  A  T  O  R  R  H  E  A
```

53670854R00046

Made in the USA
Lexington, KY
14 July 2016